LA QUESTION
DU
TRANSVAAL

D'APRÈS

SPENCER, WILKINSON, JAMES BRYCE

ET AUTRES AUTEURS

PAR

Monsieur TROIS-ÉTOILES

NICE

IMPRIMERIE & LITHOGRAPHIE MALVANO, RUE GARNIER, 1

1899

Nice. — Typographie et Lithographie Malvano, 1, rue Garnier.

LA QUESTION
du
TRANSVAAL

D'APRÈS

SPENCER, WILKINSON, JAMES BRYCE

ET AUTRES AUTEURS

PAR

Monsieur TROIS-ÉTOILES

NICE
IMPRIMERIE & LITHOGRAPHIE MALVANO, RUE GARNIER, 1
—
1899

LA

QUESTION DU TRANSVAAL

D'APRÈS

SPENCER WILKINSON, JAMES BRYCE

ET AUTRES AUTEURS

15 Octobre 1899.

Il serait impossible dans les limites que je me suis imposées de refaire l'histoire des circonstances qui conduisirent au grand « trek » ou émigration des Boers du Cap et leur établissement dans le pays qu'ils nommèrent Transwaal, après leur transit au-delà de la rivière de ce nom. Il me suffira de dire que l'Etat du Transvaal fut reconnu par la Grande-Bretagne sous le nom de République Sud-Africaine, par la Convention du Sand River en 1852. Néanmoins, l'indépendance que cette convention assurait à la nouvelle République n'était point complète, car la clause contre l'esclavage reconnaissait à la Grande-Bretagne le droit d'intervenir, en certains cas, dans le gouvernement du pays. Cette convention fut abrogée par l'annexion de 1877. Les raisons qui décidèrent la Grande-Bretagne à s'annexer le Transvaal à cette époque sont très clairement mentionnées par M. James Bryce, auteur distingué, ancien député au Parlement, ancien sous-secrétaire dans l'un des ministères libéraux, présidés par M. Gladstone, lequel a lui-même visité l'Afrique du Sud et a consigné ses observations dans un livre intitulé *Impressions of South Africa*.

M. Bryce qui, bien certainement n'était nullement entaché de l'Impérialisme moderne, nous dit : « La République du « Transvaal se trouvait épuisée, menacée de banqueroute, sa « vie collective minée par des querelles intestines ; elle était « impuissante au point de ne pouvoir percevoir l'impôt, soit « de gré, soit de force [1], ni à plus forte raison de sa défense « contre les Cafres, et l'on avait lieu de craindre un soulèvement « général de toutes les tribus indigènes lequel aurait mis en « péril les Européens dans tout le sud de l'Afrique. »

Aussi M. Bryce ne blâme-t-il point l'annexion qui était d'ailleurs demandée par les colons anglais formant un septième de la population blanche du Transvaal, mais il ajoute :

« Il y a lieu de croire que les citoyens (Boers), quoiqu'ils « n'eussent point été consultés, auraient volontiers accepté le « changement de gouvernement, d'autant plus qu'ils trouvaient « que la valeur de la propriété augmentait avec la sécurité « relative dont ils jouissaient, et que de bonnes réformes inté-« rieures étaient introduites, et ils auraient ainsi acquiescé, « malgré leur amour prononcé pour l'indépendance, si on les « avait sagement administrés. »

Malheureusement, Sir Owen Lanyon ne fut pas à la hauteur de sa tâche, et l'autonomie qu'il leur avait promise, peut-être intempestivement, ne leur fut point octroyée. En outre, les Anglais ayant entrepris une guerre heureuse qui leur coûta 150 millions de francs, contre Sekukuni et ses Cafres, et contre es Zoulous, les Boers se trouvant délivrés de la crainte de l'invasion noire qui les avait à peu près réconciliés avec l'annexion, eurent dès lors une raison de moins pour l'envisager comme utile ou nécessaire.

M. Gladstone était alors dans l'opposition. Inutile de dire qu'il blâma dans ses discours publics, et l'annexion et la guerre contre les Zoulous; aussi, lorsque le gouvernement anglais

[1] Les fermiers boers se refusaient à le payer.

proposa une fédération des colonies du Cap, laquelle aurait énormément profité au Transvaal, tout en le conservant sous l'égide britannique, les Boers parmi lesquels les discours gladstoniens avaient été largement répandus, persuadés que dès que le grand libéral reviendrait au pouvoir, il leur rendrait l'autonomie, envoyèrent MM. Krüger et Joubert en députation auprès du parlement du Cap pour persuader à celui-ci de rejeter le projet de fédération. Cependant quelques mois après ses discours à Édimbourg, de novembre et décembre 1879, M. Gladstone reconquit le pouvoir. Il ne manqua pas dans les débats qui suivent toujours les discours de la Couronne, de se dédire à propos du Transvaal; il parla de fait accompli que l'on peut ne pas approuver, mais que l'on est tenu d'accepter; il parla de la grande population indigène à laquelle, par l'établissement de la suprématie de la Reine « nous avons donné des garanties », et il termina en disant « qu'il est tout à fait logique d'accepter les
« conséquences d'une politique et néanmoins de garder intacte
« une différence d'opinion exprimée pendant que le caractère
« de cette politique était en discussion. » Aussi, écrivit-il à MM. Krüger et Joubert que « voyant la période considérable qui
« s'était écoulée depuis l'annexion et les obligations contractées,
« principalement envers la population indigène, etc., etc., nous
« ne pouvons conseiller à la Reine de renoncer à sa souveraineté
« sur le Transvaal, mais nous désirons que les habitants blancs
« du Transvaal aient pleine liberté de vaquer à leurs affaires
« intérieures et nous croyons que cette liberté pourra le plus
« facilement être concédée au Transvaal en tant que membre
« de la confédération Sud-Africaine. »

Voyant qu'il était impossible d'obtenir de M. Gladstone au pouvoir, ce qu'il avait fait espérer étant en opposition, les Boers préparèrent leur révolte, et le 16 décembre 1880 une proclamation fut publiée, portant que la République était rétablie sous la conduite provisoire de MM. Krüger, Prétorius et Joubert. Il n'y avait en ce moment que quelques détachements de troupes anglaises dispersés dans le pays. L'un de ces détachements, fort de 260 hommes, fut inopinément attaqué à Bronkers Spruit le 20 décembre par un nombre infiniment supérieur de Boers; il ne se rendit qu'après avoir perdu 157 des siens; les autres détachements furent entourés et assiégés. Le général Colley qui commandait dans le Natal, réunit les quelques troupes qu'il avait sous la main; il trouva les Boers occupant la forte position de Langs-Nek, et le 28 janvier 1881 il les attaqua avec seulement 1,400 hommes; il fut repoussé. Quelques jours après il eut, avec encore moins de monde, une rencontre avec les Boers à Ingogo qui ne fut point heureuse. Le 22 février il occupa avec 400 hommes le sommet de Majuba, montagne qui domine Langs-Nek.

Les Boers voyant que le parti sur la montagne n'avait pas de supports et était dépourvu d'artillerie, attaquèrent la position. La défense ne fut pas bien conduite, les soldats anglais furent défaits et Colley tué.

Cependant des renforts avaient déjà commencé à arriver au Natal, et Sir Evelyn Wood, général distingué qui avait succédé à Colley, fut bientôt à la tête d'une force suffisante pour écraser les Boers. Mais le 5 mars le Gouvernement lui ordonna de conclure un armistice, et le 3 août fut signée de part et d'autre à Prétoria, la convention par laquelle « une autonomie complète « était accordée aux habitants du territoire du Transvaal, sujette « toutefois à la suzeraineté de Sa Majesté, ses héritiers et « successeurs ».

Ainsi les obligations contractées principalement envers la population indigène disparaissaient d'elles-mêmes aux yeux de M. Gladstone et de son parti, dès que quelques détachements Anglais avaient été massacrés par les Boers. Pendant que ces négociations humiliantes se poursuivaient, les habitants anglais du Transvaal, fermiers, commerçants et habitants des villes, envoyèrent une remontrance au Parlement, demandant que, s'ils devaient être privés de la protection et de la sécurité que leur avait assurées le gouvernement britannique, les plus amples garanties fussent exigées du nouveau Gouvernement Boer, afin de leur assurer leurs droits en tant que sujets britanniques, ainsi que la sécurité dans l'exercice de leurs professions ou de leur commerce, et dans la possession de leurs propriétés.

M. Gladstone répondit à cette remontrance, que « dans la « Convention qui était en préparation, les plus grandes précau- « tions seraient prises afin d'assurer aux colons (settlers) de « quelque origine qu'ils fussent, la jouissance complète de leurs « biens et de leurs droits civils ».

Aussi, dans la Convention qui suivit les négociations, il est dit à l'article XII : « Toute personne ayant des propriétés ou « possessions dans le dit Etat à la date du 8 août 1881, conti- « nuera à jouir de tous les droits dont elle a joui depuis l'an- « nexion »... Et à l'article XXVI : « Toute personne, autre que « les indigènes noirs, laquelle se conformera aux lois de l'Etat « du Transvaal, aura toute liberté d'entrer avec ou sans famille « dans le dit Etat ; elle pourra y posséder toute espèce d'immeu- « bles, elle pourra y exercer toute espèce de commerce ou d'in- « dustrie, par elle-même ou par ses agents, et elle ne sera point « sujette, soit dans sa personne que pour ses possessions, son « industrie ou son commerce, à aucune taxe, contribution ou « impôt, autres que ceux auxquels sont également astreints les « citoyens du Transvaal ».

Ces deux articles furent répétés intégralement dans la Convention de 1884. Il serait, ce me semble, impossible de soutenir que les obligations ainsi assumées et souscrites par le nouvel Etat qui devait sa création elle-même à l'Angleterre, ne constituassen point un droit d'intervention au profit de celle-ci pour le cas où ces obligations ne seraient point observées par le nouvel Etat. Le grand défaut de cette Convention était qu'elle ne stipulait point pour les habitants du Transvaal, autres que les Boers, une période fixe de résidence après laquelle ils auraient droit à la naturalisation et à une franchise électorale égale à celle dont devaient jouir les Boers eux-mêmes. Il est singulier que cet oubli ait été du fait du grand tribun, de celui dont la devise, ainsi que celle de son parti était « No taxation without representation », laquelle peut se traduire « point d'impôt sans droit de vote ». Cet oubli est d'autant plus extraordinaire, qu'à cette époque aucune découverte d'or n'avait encore eu lieu et que les colons et industriels anglais ne formant, comme nous l'avons vu, qu'un septième de la population blanche du Transvaal, les Boers n'auraient point pu redouter de se trouver en minorité dans le Volksraad ou Parlement que l'Angleterre avait imposé par la même Convention de 1881 à MM. Krüger, Prétorius et Joubert. Dans la Convention de 1884, qui ne modifiait d'ailleurs point les clauses saillantes de celle de 1881 et qui n'abrogeait nullement celle-ci, par une déférence indue aux susceptibilités du Gouvernement Boer, il n'était point parlé de suzeraineté, mais il était dit « que la République Sud-Africaine ne conclurait aucun Traité « ou Convention avec aucun Etat ou Nation sauf l'Etat Libre « d'Orange, ni avec aucune tribu indigène située à l'est ou « à l'ouest de cette République, sans l'approbation préalable de « S. M. la Reine ».

Malgré cette clause, les Boers ambitionnant des conquêtes à l'extérieur, se jetèrent en 1884 sur les Zoulous à l'est du Transvaal et réussirent à établir leur autorité sur un district qu'ils appelèrent « La Nouvelle République », mais qu'ils annexèrent au Transvaal en 1888. En 1884 ils s'étaient aussi jetés sur les districts de Stellaland et Vriburg, à l'ouest du Transvaal et avaient nécessité l'envoi d'une expédition sous le commandement de Sir Charles Warren, afin de prendre cette contrée sous la protection de l'Angleterre.

Nous verrons bientôt s'ils avaient du moins observé les

clauses des conventions relatives aux sujets anglais, restés dans le Transvaal. En 1886 la découverte de l'or amena une grande affluence d'immigrants européens, d'abord autour de Barberton et plus tard au Witwatersrand. M. Wilkinson dit à ce propos : « La découverte des mines d'or n'est point une expérience nou-
« velle pour l'humanité. Ces découvertes occasionnent l'arrivée
« de force mineurs et spéculateurs, dont beaucoup ne sont que
« des habitants temporaires, mais dont beaucoup d'autres se
« fixent dans la région où ils ont trouvé de l'ouvrage et quelque-
« fois même la fortune. En Californie et en Australie ces immi-
« grants sont devenus la force du pays, car ils ont rapidement
« et facilement acquis les droits de citoyen dans la colonie où
« ils s'étaient fixés et à laquelle ils se sont bientôt attachés ».

Mais les Boers ne voulaient partager avec qui que ce soit le pouvoir qu'ils avaient acquis ; aussi, dès 1882 ils fixèrent un délai de cinq ans pour tout étranger, avant qu'il pût obtenir la franchise. Ce délai devait être accompagné d'inscription sur les livres de certains officiers appelés « Cornets Champêtres » (Field Cornets) et d'un paiement de 25 livres sterling à son admission aux droits de citoyen. Ceci se passait avant l'époque minière. Dès l'année 1890 la marée de l'immigration montant toujours et les Boers s'apercevant que la majorité des nouveaux venus tendait à s'établir au Transvaal, le Volksraad vota une loi par laquelle aucun individu non déjà « burgher » (citoyen) ou fils de burgher, ne pouvait acquérir la franchise qu'après une résidence de quatorze ans, ni avant l'âge de quarante ans. En outre, pendant la totalité des quatorze années de résidence, le nouveau venu devait être tenu de renoncer à ses droits de citoyen dans le pays qui avait été le sien jusque là, et prendre sur lui toutes les obligations sans aucun des droits d'un citoyen du Transvaal. Ce n'est pas tout, au bout des quatorze années il pouvait pétitionner le Volksraad de lui accorder les droits de cité, mais celui-ci se réservait le droit de les lui refuser.

Il est évident que le Volksraad pouvait voter et faire appliquer n'importe quelle loi, mais dans l'Etat Moderne, la seule garantie qu'une classe entière des habitants puisse avoir qu'elle sera gouvernée avec équité et considération pour ses besoins et pour ses droits, réside uniquement dans le fait qu'elle est représentée dans le Conseil ou le Corps législatif qui nomme et qui contrôle le pouvoir exécutif.

Ceci c'est de l'essence de ce que l'on entend par principes libéraux. Or, l'oubli de M. Gladstone, dont nous avons déjà parlé, eut l'effet d'introduire dans le Transvaal, non un gouvernement démocratique, mais une oligarchie du type le plus barbare, puisque le pouvoir se trouve monopolisé par une caste de paysans ignorants et bigots, dont l'émigration originale du voisinage civilisé du Cap à une région inculte et sauvage fut faite avec le projet véritable, sinon avoué, d'y fonder un Etat esclavagiste. Cette caste qui était sur le point de faire faillite en 1877, extorque aujourd'hui un vaste revenu aux habitants blancs non représentés et privés de tout privilège, lequel revenu, au dire M. Wilkinson, « est devenu une source de corruption pour la caste dominante ».

Certes il est surprenant de penser que les partisans de cette oligarchie dans la Grande-Bretagne se retrouvent à peu près exclusivement aujourd'hui parmi ceux qui sont fiers du nom de libéral !!! Et cependant il doit être on ne peut plus facile pour eux d'arriver à reconnaître les faits de la situation. Les lois sont au Transvaal votées et exécutées par un Volksraad élu par un quart seulement de la population blanche ; les trois quarts restants étant traités en étrangers (Uitlanders) « taillables et corvéables à merci. » En 1885 le revenu du Transvaal était de 4,450,000 francs ; il est aujourd'hui de 100,000,000 !! Ce revenu est en presque totalité fourni par les Uitlanders. Le président de Chambre des mines, M. Rouliot, un Français, disait en novembre 1898 : « Nous sommes la communauté la plus

« taxée de la terre et celle qui a le moins de voix à l'emploi des
« fonds qu'elle contribue à l'Etat ».

Le gouvernement Boer a maintes fois violé les conventions en vertu desquelles il existe, par ses monopoles, celui de la dynamite surtout, par sa loi sur la presse, et par sa loi d'Expulsion des Etrangers. Il est, au dire de M. Wilkinson, incompétent ou malhonnête. Sous son égide dit-il « 3/4 de million de livres sterlings son volés chaque année. » Des sujets Britanniques non blancs sont tirés de leurs lits la nuit, maltraités et emprisonnés pour manque de passe-port, et les remontrances du gouvernement anglais restent sans effet.

Un sujet britannique blanc, Edgar, fut tué d'un coup de revolver par un policeman, qui se proposait de l'arrêter, et cela sans qu'Edgar eût offert la moindre résistance, et le juge devant lequel vint l'affaire complimenta le policier qui selon lui n'avait fait que son devoir. Des meetings de sujets britanniques légalement convoqués ont été dispersés par des gens payés pour cela, sans que la police, quoique présente, soit intervenue. Les cours de justice ont été privées de leur indépendance et sont aujourd'hui subordonnées au pouvoir exécutif.

Nous arrivons maintenant aux efforts constitutionnels que les Uitlanders ont faits afin d'arriver à remédier si possible à un état de choses aussi désastreux pour eux. Dès 1892 ils fondèrent une ligue et imprimèrent une liste de leurs doléances en langue hollandaise qu'ils distribuèrent parmi les Boers. Au mois d'août de la même année ils organisèrent un meeting public, votèrent des résolutions ou vœux, qu'une députation fut chargée de présenter au président Krüger à Pretoria. Le président leur répondit : « Cessez de tenir des meetings publics
« et tenez-vous pour satisfaits : dites aux vôtres que je ne leur
« donnerai jamais rien!! » En 1894 une pétition signée de 13.000 personnes réclamant la franchise électorale fut adressée au président et au Volksraad. Elle fut rejetée. En 1895, une

nouvelle pétition couverte cette fois de 38.500 signatures eut le même sort. Ce fut alors que les Uitlanders se décidèrent à la révolte. Cependant, ils étaient sans armes, tandis que les Boers étaient parfaitement armés. Le plan auquel les Uitlanders s'arrêtèrent fut le suivant : de faire entrer subrepticement dans Johannisburg deux ou trois mille carabines et un canon Maxim, lesquels arrivèrent cachés, je crois, dans des wagons de charbon, et de faire accroire au gouvernement Boer qu'ils avaient des armes en nombre suffisant pour armer toute la population. Les révolutionnaires espéraient, par cette démonstration hostile, imposer aux Boers les concessions qu'ils leur avaient jusque là inutilement demandées. Le 26 décembre 1895 ils publièrent un manifeste demandant :

1° L'établissement d'une République véritable ;

2° Un grondwet ou constitution consentie par les représentants du peuple tout entier, et qui serait sauvegardée contre tout changement intempestif ;

3° Une franchise équitable et une représentation suffisante ;

4° Egalité des langues anglaise et hollandaise ; (1)

5° Responsabilité au parlement des chefs des grands départements de l'Etat ;

6° Egalité des religions ;

7° Indépendance des tribunaux, et rémunération suffisante et assurée des juges ;

8° Education libre non restreinte (comprehensive) ;

9° Une bureaucratie capable et bien rémunérée et pensionnée ;

10° Le libre échange pour les produits africains.

Les révolutionnaires comptaient par conséquent appuyer leurs demandes par la menace d'un soulèvement armé, mais la révolution fit naufrage à cause d'une intrigue tout à fait étrangère à son tempérament. Un parti naquit au sein même des

(1) Egalité qui existe depuis longtemps dans les colonies anglaises du Cap, tout comme celle des religions.

réformistes qui, au lieu de s'astreindre aux réformes équitables ci-dessus mentionnées, voulait demander la rétrocession du Transvaal à l'Angleterre. Il fut arrangé que le docteur Jameson envahirait le Transvaal avec certaines forces de la Chartered Company, après que la révolution aurait éclaté à Johannisburg, sous prétexte de protéger les femmes et les enfants. Il semble que l'on espérait de cette façon arriver à entraîner le gouvernement britannique dans l'affaire, et c'est ce qui perdit la partie. Le docteur Jameson partit trop tôt avec les siens ; en route, il reçut l'avis que le gouvernement anglais le désavouait, comme de raison du reste, et qu'il eût à rétrograder. En même temps le haut commissaire anglais se porta à Johannisburg et ordonna aux révoltés de mettre bas les armes. Les Johannisburgeois réfléchirent et se décidèrent à obéir, à condition que le haut commissaire se porterait garant que le gouvernement anglais insisterait afin que leurs justes demandes fussent prises en considération, ce que celui-ci promit.

Pendant ce temps, Jameson, qui n'avait pas même communiqué le télégramme de désaveu reçu en route à ses officiers, arriva près de Krugersdorp avec hommes et chevaux exténués, espérant y rencontrer ses alliés de Johannisburg et s'y ravitailler. Mais il y trouva en leur lieu et place les Boers en grand nombre, avec des canons, lesquels eurent bientôt raison de sa petite troupe qui manquait de tout.

Le gouvernement boer traita même ceux qui avaient mis bas les armes à Johannisburg avec la plus grande cruauté, et ce ne fut qu'à cause des sérieuses représentations du gouvernement britannique que plusieurs d'entre les révoltés ne subirent point la peine de mort. Des recherches minutieuses furent faites dans toute la ville, de maison à maison, afin de découvrir des armes cachées, mais sans presque aucun résultat ; un fort, qui commande Johannisburg, fut armé de canons perfectionnés, Pretoria fut fortifiée, mais quant à donner quelque satisfaction aux demandes des Uitlanders, rien ne fut fait, si ce n'est qu'une Commission industrielle fut nommée pour s'enquérir de l'état de l'industrie minière, sans doute pour jeter de la poudre aux yeux du gouvernement anglais. Cependant cette Commission fit son devoir en conscience. Son rapport constata que l'industrie minière était elle-même la base financière de l'État; elle condamna les monopoles, elle condamna les tarifs exagérés, les droits d'entrée par lesquels tous les articles de consommation atteignaient un prix excessivement élevé; elle condamna les concessions accordées aux pourvoyeurs de dynamite; elle condamna l'administration de la loi contre l'introduction des alcools, qui n'empêchait nullement la vente illicite de spiritueux aux ouvriers mineurs indigènes; elle signala les vols d'environ trois quarts de million de livres sterling par an, dus à la mauvaise administration.

Cependant la Volksraad au lieu de prendre en considération le rapport de cette Commission, le relégua soit aux archives ou bien au panier, et se décida à ajouter aux charges déjà supportées par la population industrielle un nouvel impôt, et cela malgré que le revenu du Transvaal fût déjà de beaucoup supérieur aux frais d'administration.

En 1896, une loi avait été votée autorisant le Président Krüger à expulser tout étranger «dangereux à l'ordre et à la paix publiques», sans permettre aucun appel aux tribunaux de la part de l'expulsé [1]. Le Gouvernement anglais fit observer que cette loi violait l'article XIVe de la Convention. On n'en parla plus jusqu'en 1898, lorsqu'une loi identique fut de nouveau votée par la Volksraad. En mars 1899, une pétition portant 21.000 signatures de sujets anglais fut adressée à S. M. la Reine. Elle détaillait leurs griefs, elle démontrait la futilité de toutes les tentatives de ses signataires pour obtenir les réformes auxquelles ils avaient droit et faisaient appel au Gouvernement de la Grande-Bretagne

---

[1] Selon une autre autorité, celle de M. Hayes Hammond, l'un des principaux résidents Américains au Transvaal, cette loi donnait en outre à M. Krüger le droit de confisquer tous les biens de la personne expulsée.

afin d'obtenir enfin la reconnaissance de leurs droits. Il y a deux ans Sir Alfred Milner, administrateur qui s'était déjà fort distingué en Egypte, avait été envoyé comme Haut Commissaire au Cap. Il se mit à étudier la question, non seulement du Transvaal, mais des rapports des deux races blanches qui se trouvent entremêlées dans les différentes colonies du Cap. Il vit tout de suite que ces deux races sont partout si inextricablement mélangées, que la seule condition au moyen de laquelle elles puissent vivre en paix et amitié, c'est l'égalité absolue des droits civils. « L'Afrique « du Sud peut » dit-il « prospérer divisée en cinq ou six colonies « différentes, mais elle ne le peut sous deux systèmes politiques et « sociaux diamétralement opposés ; c'est-à-dire, égalité parfaite « entre les Hollandais et Anglais dans les colonies anglaises, et « assujettissement permanent des Anglais aux Hollandais dans « le Transvaal ».

Or cet état de choses dans la République Sud-Africaine réagit, selon Sir Alfred Milner, sur tout le reste du Sud-Africain. Il n'est pas du reste le seul, tant s'en faut, à s'en être aperçu : tous les hommes qui, là-bas, observent et réfléchissent, ont vu le péril depuis Majuba et depuis le Jameson raid. Le rêve d'une grande République Hollandaise s'étendant du Cap au Transvaal est devenu l'espoir de l'Africander Bond ou ligue des éléments hollandais du Cap. Ceux-ci ont obtenu aux dernières élections une majorité faible, il est vrai, dans le parlement du Cap, mais suffisante pour imposer au Gouvernement un ministère de leur choix, dont le chef, M. Schreiner a démontré tout récemment des velléités Boers. Le fait est que ce n'est rien moins que la suprématie anglaise dans toute l'Afrique du Sud qui est aujourd'hui en jeu. Cette suprématie n'a du reste rien que de très légitime. Ce fut en 1796 que l'Angleterre conquit pour la première fois le Cap à la Hollande. Elle le lui rendit en 1803 à la paix d'Amiens, pour le reconquérir pendant les guerres Napoléoniennes en 1806. Elle signa plus tard un véritable traité avec la Hollande par lequel celle-ci cédait régulièrement à l'Angleterre tous ses droits à ses colonies du Cap, moyennant un paiement de six millions de livres sterling. Or, sous le régime anglais les Hollandais se sont multipliés au Cap, comme on le verra par le suivant tableau comparatif de la population blanche publié par le *Daily Mail* :

	Hollandais	Anglais
Colonie du Cap et Bechuanaland	265.000	194.000
Etat Libre d'Orange	78.100	15.600
Natal et Zoulouland	6.500	45.500
Transvaal et Rhodesia	81.500	132.150
Basutoland	300	350
	431.400	387.600

L'on voit par conséquent, que la population hollandaise dépasse d'une quarantaine de mille âmes la race d'origine anglaise. Or, Sir Alfred Milner a lumineusement démontré dans le Livre Bleu, combien l'agitation au Transvaal s'est propagée dans toute la colonie du Cap. En effet, tant qu'il existera au Transvaal l'aspiration envers une nationalité Boer prépondérante, cette aspiration sera partagée par les Hollandais de toutes les colonies du Cap. Il en est de même du sentiment national anglais ; plus il est réprimé au Transvaal, et plus il s'accentue dans les autres colonies. De sorte que l'on peut dire sans crainte de se tromper, qu'une prépondérance exclusivement Boer au Transvaal équivaut à la division permanente de l'Afrique du Sud en deux camps hostiles.

Que proposa Sir Alfred Milner comme remède à cette situation ? Avec la largeur de vues que son Gouvernement attendait de lui, et qui certes ne lui a point fait défaut en cette occasion, il vit que de faire à tout bout de champ valoir le droit du gouvernement anglais à la protection de ses sujets molestés et opprimés, et demander avec insistance des réformes, était un système qui ne pouvait que se terminer par la guerre en cas de refus. Il vit que le vrai remède ne pouvait être que celui de l'obtention pour les Uitlanders d'une représentation au Volksraad qui leur procurerait avec le temps la possibilité de se faire faire justice à eux-mêmes. Certes, disait-il, ceux-ci cesseraient par le fait, d'être sujets britanniques, mais leur admission à la nationalité Boer avec une part considérable aux droits politiques, ne pouvait avec le temps qu'anéantir les causes de querelle aujourd'hui si aiguës entre le Transvaal et le gouvernement de la Métropole.

M. Chamberlain dans une dépêche du 10 mai dernier disait : « Eu égard à la position de la Grande-Bretagne comme exerçant « la suprématie dans l'Afrique du Sud, ainsi qu'au devoir qui « incombe au Gouvernement de la Reine de protéger tous les « sujets britanniques résidant en pays étranger, il ne peut conti- « nuer à passer sous silence le traitement arbitraire auquel sont « exposés ses sujets et autres étrangers, ni l'absolue indifférence « du Gouvernement de la République à toutes les représentations « amicales qui lui ont été adressées. Cependant comme le Gou- « vernement britannique désire ardemment arriver à une solution « amicale, et qu'il espère que le Président Krüger partage ce « désir, il autorise Sir Alfred Milner à arranger une conférence « avec le Président ». M. Steyn, Président de l'Etat Libre, ayant invité le Haut Commissaire et le Président Krüger à être ses hôtes à Bloemfontein, ces deux personnages s'y rendirent et la conférence eut lieu. Milner lut tout d'abord un petit Mémoire qu'il avait rédigé, dans lequel il était dit qu'il désirait faire la part des préjugés des anciens Burghers et en même temps donner une satisfaction à la nouvelle population, qui ne serait point rejetée par celle-ci comme absolument insuffisante ; en conséquence, il proposait que tout Uitlander qui avait résidé dans le pays pendant cinq ans et qui désirait prendre sur lui les obligations de citoyen de la République, pût obtenir, en prêtant serment à celle-ci, de devenir lui-même un Burgher. Il pensait que sept sièges devaient être donnés aux Uitlanders, ce qui leur assurerait un cinquième de la représentation totale.

M. Krüger n'avait cependant aucun désir d'arriver à satisfaire le gouvernement anglais. Il répondit que toute réforme de la franchise devait être conditionnelle à l'acceptation par le gouvernement anglais de l'arbitrage dans toute dispute et en outre de l'annexion du Swaziland par le Transvaal. Que si ces conditions étaient accordées, il soumettrait au Volksraad un projet de franchise valable après sept années de résidence, cinq avant la naturalisation, et deux d'attente ; quant aux colons qui se seraient déjà fixés dans le pays avant 1890, il proposait la naturalisation après six mois et la franchise deux ans après cette époque, mais il n'offrait aucun siège aux Uitlanders. Evidemment Sir Alfred Milner n'avait point à discuter les conditions que le président annexait à ses propositions. Quant aux propositions elles-mêmes, il observa qu'elles n'assuraient aucune représentation immédiate aux Uitlanders, qui seraient obligés de renier leur propre pays assez longtemps avant d'obtenir les droits de cité dans leur nouveau pays. En outre dans la république du Transvaal, l'on avait vu des lois même fondamentales être abolies ou changées avec la plus grande facilité ; de sorte que l'aspirant citoyen qui avait prêté serment à la république pourrait trouver qu'une loi nouvelle l'empêchait après tout de jouir des droits de cité qu'il avait cru acquérir.

La Conférence n'eut comme l'on sait aucun résultat. Plusieurs efforts ont été faits depuis par le gouvernement anglais pour en arriver à une transaction, mais M. Krüger, en paraissant céder quelque chose, a toujours attaché à ses propositions quelque condition inacceptable, comme par exemple, celle de la renonciation par l'Angleterre à sa suzeraineté, ce qui prouve en tout cas qu'il reconnaît qu'elle existe. Pendant tout ce temps les Boers se préparaient à la guerre. [1]

Ils renouvelaient l'armement de leurs forts, recevaient force munitions, etc., principalement de l'Allemagne, organisaient leur artillerie sous la conduite d'officiers allemands, et lorsque,

[1] Toutes les autorités sont d'accord que ces préparatifs datent de plusieurs années.

ayant déjà établi un camp militaire à Volkrust, près de la frontière du Natal, l'Angleterre alarmée envoyait enfin 10.000 hommes, dont 5,000 des Indes, pour la défense de ses frontières menacées, les Boers avaient l'outrecuidance de lui demander quel était l'objet auquel devaient servir ces armements exagérés. L'on connait le texte de l'ultimatum du 9 octobre lequel nous imposait d'avoir à retirer nos troupes de notre propre territoire, auquel aucune nation qui se respecte n'aurait pu adhérer sans perdre tout son prestige dans le monde entier et devenir *ipso facto* une puissance de second ordre. L'on connait l'invasion du Natal et du Bechuanaland par les forces Boer.

Aujourd'hui c'est le cas de dire, *Alea jacta est*, car la guerre est déclarée, et elle n'est point à coup sûr de notre fait, car si nous l'avions voulue, nous n'aurions certes point attendu jusqu'ici à envoyer au Cap des troupes en nombre suffisant afin de ne point risquer la destruction de nos petites garnisons sur la frontière ouest du Transvaal, ni l'abandon même provisoire de la forte position de Langs-Nek, et des villes et villages qui s'abritent derrière elle, tels que Charlestown, Newcastle et Dundee.

Il est fort probable que nous essuyerons quelques revers partiels au commencement de la campagne, quoique nous ne commettrons certes plus les fautes de 1881 ; mais l'issue ne peut être douteuse, et notre but, l'égalité des droits civils dans toute le population blanche de l'Afrique Australe, n'est point fait pour nous faire tort devant l'Europe, dans le règlement final de cette question.

De ce qui précède découlent certains points des plus importants auxquels je désire appeler tout spécialement l'attention du lecteur :

1° Que les droits des Boers quels qu'ils soient ne dérivent que des deux Conventions de 1881 et 1884 par eux consenties et signées avec l'Angleterre ;

2° Que la Convention de 1881, si elle est la seule des deux qui fasse mention en toutes lettres de la suzeraineté, est aussi la seule qui promette l'autonomie aux habitants du Transvaal; que si, par conséquent, l'on prétendait, comme le font les Boers et leurs partisans, que la Convention de 1884 rendait nulle celle de 1881 et que la suzeraineté n'existait plus, l'on serait forcé d'admettre aussi que l'indépendance intérieure consentie au Transvaal disparaissait en même temps que cette suzeraineté. L'on pourrait même soutenir que l'autonomie avait disparu sans entrainer la suzeraineté avec elle, car l'article de 1884 qui limitait les droits diplomatiques du nouvel Etat, laissait la suzeraineté intacte en substance, comme le soutint à cette époque Lord Derby, qui était responsable de la convention devant la Chambre des Lords;

3° Que l'autonomie établie au Transvaal, en 1881, était octroyée *à tous ses habitants* et non limitée aux Boers et à leurs descendants;

4° Que depuis la signature de la première Convention, les Boers se sont constamment occupés à confisquer cette autonomie à leur profit exclusif et qu'ils y ont pleinement réussi;

Que le Gouvernement anglais, par la bouche de son représentant s'était engagé en 1895, à soutenir les justes revendications des Uitlanders et avait, par cette promesse, obtenu leur désarmement; qu'il ne pouvait, par conséquent, sans renier sa parole donnée, se soustraire aujourd'hui aux obligations qu'il s'était imposées il y a quatre ans envers les sujets de la Reine, établis au Transvaal.

www.ingramcontent.com/pod-product-compliance
Lightning Source LLC
Chambersburg PA
CBHW070540050426
42451CB00013B/3110